Savate
le savant

Les animaux du Canada

Texte :
Claire Chabot

Éditions Enfants Québec

Illustrations :
Isabelle Charbonneau

Catalogage avant publication de Bibliothèque
et Archives Canada

Chabot, Claire, 1959-
Savate le savant : les animaux du Canada
Pour enfants de 5 à 9 ans.
ISBN-13 : 978-2-923347-52-3
ISBN-10 : 2-923347-52-8

1. Animaux – Canada – Ouvrages pour la jeunesse. 2. Animaux –
Canada – Ouvrages illustrés – Ouvrages pour la jeunesse.
I. Charbonneau, Isabelle. II. Titre.

QL219.C42 2006   j591.971   C2006-940608-1

Directrice éditoriale : Claire Chabot
Conseillère à l'édition, droits et permissions : Barbara Creary
Graphisme : Isabelle Charbonneau
Texte : Claire Chabot
Illustrations : Isabelle Charbonneau

Dépôts légaux : 3ᵉ trimestre 2006
Bibliothèque et Archives nationales du Québec
Bibliothèque et Archives Canada

ÉDITIONS ENFANTS QUÉBEC
300, rue Arran
Saint-Lambert (Québec)
J4R 1K5 Canada

Téléphone : 514 875-9612
Télécopieur : 450 672-5448

Imprimé en Chine
10 9 8 7 6 5 4 3 2 1 0

Sommaire

L'ours polaire

L'ours polaire est le plus gros carnivore terrestre. Le mâle pèse 450 kg environ ! Sa fourrure, très épaisse, lui tient chaud et lui sert de camouflage.

Sous son beau pelage blanc, la peau de l'ours est noire. Cela lui permet de capter le maximum de chaleur des faibles rayons de soleil qui chauffent la banquise.

Ses grosses pattes lui servent de raquettes pour marcher dans la neige. Les poils entre les coussinets l'empêchent de glisser sur la glace et d'avoir froid aux pattes.

L'ours polaire parcourt chaque année des milliers de kilomètres à la recherche de phoques, son mets préféré.

Quand il a trouvé un trou de respiration de phoques, l'ours le fouille grâce à son long cou. Il est très patient : il peut attendre plusieurs heures à côté d'un trou.

S'il manque de nourriture, l'ours polaire entre en léthargie, c'est-à-dire qu'il se couche dans la neige et utilise ses réserves de graisse.

Il n'hiberne pas vraiment, à la différence de la marmotte, par exemple. Il dort, mais reste conscient. La femelle peut même continuer à allaiter ses petits! Dormez, petits ours...

Le moustique

Le moustique est un insecte… piqueur ! Il sert de nourriture aux oiseaux, aux chauves-souris, aux grenouilles, aux libellules et à certaines espèces de poissons.

Le moustique possède deux grands yeux à facettes, une paire d'antennes, une seule paire d'ailes et six longues pattes fines.

Seule la femelle pique ! Nourrie du sang de sa victime, elle pond de 50 à 300 œufs dans les jours qui suivent la piqûre.

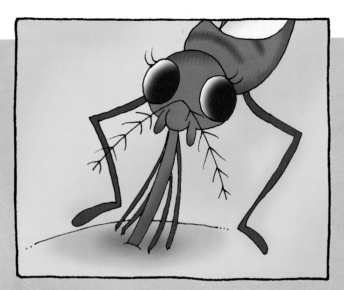

Le moustique a une longue trompe sur la tête. La femelle possède en plus des stylets qui lui permettent de percer la peau.

La femelle du moustique injecte sous la peau un peu de salive, ce qui rend le sang plus liquide et facilite le pompage. C'est cette salive qui fait que… « Ouille, ça pique ! »

La femelle est sensible aux odeurs de parfum et de sueur. Elle est aussi attirée par les mouvements et les couleurs foncées.

Alors, si tu veux échapper aux moustiques, porte des vêtements clairs, évite les parfums, ne bouge pas trop et, bien sûr, protège-toi avec un antimoustiques !

Le saumon de l'Atlantique

Le saumon est un poisson migrateur. Il naît en eau douce, dans une rivière, et passe une bonne partie de sa vie dans la mer.

Le saumon retourne dans le cours d'eau où il est né pour se reproduire. Pour remonter une rivière, le saumon doit déployer beaucoup de force et d'énergie.

Il peut parcourir jusqu'à 500 km et franchir des rapides et des chutes. À la fin de l'automne, lorsqu'il atteint l'endroit de son nid, il est maigre et affaibli.

La femelle choisit un endroit profond pour faire le nid.

La femelle creuse le nid à l'aide de sa queue pendant que le mâle surveille et chasse les intrus. Elle y pond jusqu'à 15 000 œufs.

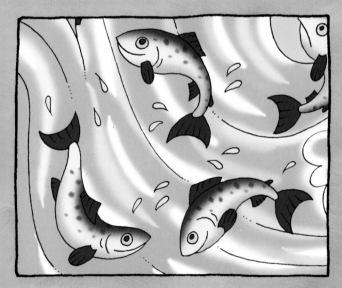

Les petits alevins grandissent dans la rivière et y restent environ deux ans avant d'atteindre l'âge adulte et de descendre vers la mer.

Le saumon de l'Atlantique est une espèce menacée. Des chercheurs ont même prédit la disparition de l'espèce dans 20 ans.

La couleuvre rayée

La couleuvre rayée a trois bandes jaunes sur le corps. Entre ces bandes, on remarque un motif de damier, fait de carrés noirs ou bruns.

La couleuvre mesure moins d'un mètre de longueur. Elle se déplace sans bruit en formant des S sur le sol Elle vit souvent près des routes.

La femelle pond 10 à 30 œufs par année. Quand les œufs éclosent, les petites couleuvres sont déjà formées et prêtes à se débrouiller pour survivre.

Son menu est très varié. Elle dévore des vers de terre, des chenilles, des grenouilles, des petits oiseaux, des souris et des campagnols.

Ses dents, situées vers l'arrière de sa gorge, servent à maintenir sa proie tandis qu'elle l'avale en entier, comme le font les serpents.

L'hiver, les couleuvres hibernent en groupe, avec parfois d'autres espèces, dans un terrier. Elles dorment sans manger jusqu'au retour du printemps.

La couleuvre rayée est inoffensive pour les humains. Ce sont plutôt les humains qui menacent sa survie car elle est souvent victime d'accidents de la route !

La chauve-souris

La chauve-souris est un mammifère : elle a le sang chaud et elle allaite ses petits. Mais c'est le seul mammifère qui vole.

La plus répandue est la petite chauve-souris brune, qui pèse à peine 8 g, ce qui n'est pas plus lourd que trois pièces de monnaie !

Chaque nuit, ces petites chauves-souris mangent l'équivalent de la moitié de leur poids en insectes. On a déjà trouvé 145 moustiques dans l'estomac de l'une d'elles !

L'été, les femelles se regroupent dans des abris, en colonies de plusieurs centaines d'individus.

La femelle laisse son petit dans l'abri lorsqu'elle sort chasser la nuit. À son retour, elle le reconnaît toujours parmi les centaines d'autres petits.

Le petit peut voler à 18 jours. Quelques semaines plus tard, ses premières dents sont tombées et ses ailes sont 10 fois plus grandes qu'à la naissance.

Mâles et femelles hibernent ensemble. En automne, pour se préparer à l'hiver, les chauves-souris se constituent des réserves de graisse en mangeant énormément.

Les oiseaux

Il y a 462 espèces d'oiseaux au Canada ! Pour arriver à identifier un oiseau, il faut faire un vrai travail de détective !

A-t-il une forme élancée ou rondelette ?

A-t-il un bec petit et effilé comme celui d'une paruline, gros et court comme celui d'un bruant, ou crochu comme celui d'un rapace ?

Quelles sont ses couleurs et sur quelle partie de son corps sont-elles situées ?

Quelle forme a sa queue ? Fourchue ? Carrée ? Arrondie ? Pointue ?

Écoute des CD de chants d'oiseaux pour apprendre à les reconnaître.

Tu pourras ainsi identifier tes oiseaux préférés même si tu ne les vois pas.

Le castor

Pour vivre, le castor a besoin d'un grand lac entouré de beaucoup d'arbres qui serviront à construire une hutte.

Le castor fabrique une digue, c'est-à-dire une barrière qui maintient l'eau au même niveau et évite que sa hutte soit inondée.

La digue crée un étang autour de la hutte, ce qui permet au castor de prendre la nourriture qu'il a mise en réserve en passant sous l'eau.

Pour construire sa hutte, le castor utilise des cailloux et de petites branches entremêlées qu'il recouvre ensuite de boue. Attention, c'est du solide !

À l'extérieur, il construit aussi des canaux pour faciliter le transport des arbres. Ces canaux peuvent s'étendre sur plusieurs centaines de mètres.

Sa hutte a une chambre pour les repas, une pièce pour se reposer et un puits d'aération pour respirer.

Elle mesure habituellement 5 mètres de diamètre et 2 mètres de hauteur. Mais le record du monde de la hutte de castor est d'environ 9 mètres de diamètre !

L'araignée

Sais-tu que l'araignée n'est pas un insecte ?
Elle a huit pattes et ne possède ni ailes ni
antennes. On dit que c'est une arachnide.

Beaucoup de gens ont peur des araignées.
C'est sans doute parce qu'elles paraissent très
grosses avec leurs longues pattes et qu'elles
se déplacent sans faire de bruit.

En fait, l'araignée est très peureuse. Elle se
sauve quand elle sent un danger et mord
rarement.

Grâce à ses crochets et à son venin, elle paralyse ses proies. Mais contrairement à celui des mygales, le venin des araignées de chez nous n'est pas dangereux.

Plusieurs espèces d'araignées tissent une toile pour capturer leurs victimes qui restent collées aux fils de soie.

L'araignée produit sa toile grâce à des glandes situées dans son abdomen.

Le fil de soie produit par l'araignée est unique au monde. À grosseur égale, il est cinq fois plus résistant que l'acier et plus extensible que le nylon !

Le caribou des bois

Le caribou vit en grande harde regroupant des milliers de bêtes dans le nord du Canada. Il appartient à la même famille que le renne d'Europe.

Au printemps, les caribous se rassemblent et entreprennent une grande migration qui les mènera aux territoires d'été, juste à temps pour la naissance des faons.

Ils parcourent, en marchant ou en galopant, jusqu'à 50 km par jour, escaladant des montagnes et franchissant des rivières à la nage. Ils sont parfois complètement épuisés !

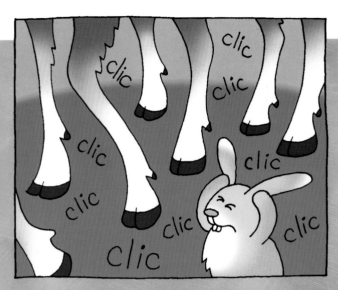

Quand ils marchent, leurs chevilles produisent un cliquetis, semblable à un craquement de branche, qui s'entend à une très grande distance.

Quand son faon naît, la femelle l'allaite et bouge le moins possible, pour le protéger des prédateurs. À une semaine, le petit est prêt à marcher!

En juillet, quand les petits sont assez forts, la harde se rassemble pour se protéger des nuées d'insectes voraces qui les attaquent.

Pour lutter contre le froid arctique, l'animal possède deux types de poils : un poil laineux, qui isole comme un duvet, et un poil raide, qui ne se soulève pas au vent.

Le porc-épic

Le porc-épic est recouvert de 30 000 piquants ! Pendant une bataille, il peut en perdre des centaines, mais de nouveaux piquants pousseront à la prochaine mue.

Ses piquants sont plus petits sur sa tête et plus longs sur son dos. C'est ce qui lui donne son air ébouriffé !

Il peut passer des jours dans un arbre à manger des morceaux d'écorce. Il se nourrit aussi de feuilles et de bourgeons.

Si un prédateur monte dans l'arbre où il se trouve, le porc-épic descend à reculons et lui enfonce ses piquants dans la peau en lui donnant des coups de queue.

Il ne peut pas lancer ses piquants. Mais lorsqu'il donne des coups de queue, il arrive que des piquants se détachent et volent dans les airs.

Avant de s'accoupler, le mâle et la femelle se lèvent sur leurs pattes de derrière et font un genre de danse. La femelle mettra au monde un seul petit .

Quand le porc-épic nage, ses piquants l'aident à flotter, car ils sont creux. C'est pratique pour aller manger des nénuphars !

Le maquereau bleu

Le maquereau vit en banc, un groupe de plusieurs milliers de poissons.

Quand un banc de maquereaux rencontre un prédateur, les poissons se rapprochent les uns des autres pour donner l'illusion qu'ils sont un énorme poisson !

C'est un poisson très musclé ! Excellent nageur, le maquereau atteint la vitesse de 50 km à l'heure.

Mais s'il s'arrête de nager, il coule au fond de l'eau ! Contrairement aux autres poissons, il n'a pas de vessie natatoire, un organe semblable à un ballon qui lui permet de flotter.

Selon sa taille, la femelle peut pondre jusqu'à 500 000 œufs ! Ceux-ci se transforment ensuite en larves, puis en poissons.

On trouve le maquereau bleu dans l'Atlantique, près des côtes, à des profondeurs allant jusqu'à 200 mètres.

Il n'est pas frileux : sa température préférée est 8 °C ! Mais l'hiver, il migre vers le Sud comme les oiseaux.

Le ouaouaron

Le ouaouaron, qui mesure jusqu'à 15 cm de long, est la plus grosse grenouille d'Amérique du Nord. Parfois, ses bonds dépassent un mètre de hauteur !

Ouaouaron est un mot iroquois qui signifie « grenouille verte ». Mais le ouaouaron sera bleu si sa peau manque de pigments jaunes.

Il mange surtout des insectes et des poissons, mais aussi des grenouilles. Bref, il dévore tout ce qu'il est capable d'attraper.

En été, le mâle coasse très fort pour attirer les femelles. Ses coassements ressemblent à des beuglements de vache !

La femelle pond jusqu'à 24 000 œufs. Ceux-ci sont enveloppés dans une grosse masse transparente qui flotte à la surface de l'eau. Ils deviendront des têtards.

À l'automne, le ouaouaron se réfugie dans la boue au fond de l'eau. Il y restera jusqu'au printemps. Les têtards, plus actifs, remontent parfois sous la glace.

Au bout de deux ans, les têtards se transforment en grenouilles. Ils ont de nombreux prédateurs dont l'homme qui aime déguster des cuisses de grenouilles !

Le phoque commun

Le phoque commun, ou loup-marin, est un mammifère marin, comme la baleine. Il a le sang chaud, allaite ses petits et a besoin de respirer.

Avec son museau pointu, ses longues moustaches et ses yeux doux, sa tête ressemble à celle d'un chien.

Le phoque se nourrit de poissons et passe beaucoup de temps sous l'eau. Il peut plonger à 300 mètres de profondeur.

À la place des oreilles, il a deux petits orifices de chaque côté de la tête qui se ferment quand il plonge.

Dans l'eau, ses membres, en forme de nageoires, lui servent de gouvernail et de rames. Sur terre, il se déplace en se dandinant, mais il peut aussi «galoper» à une vitesse de 15 km/h.

Il peut tenir 20 minutes sous l'eau, car l'oxygène n'est pas emmagasiné dans ses poumons mais dans ses muscles et son sang. Son corps contient deux fois plus de sang que celui d'un animal terrestre de même taille.

Le phoque peut dormir en flottant dans l'eau, près de la surface. Il remonte à la surface sans même se réveiller pour respirer toutes les 20 minutes.

L'hirondelle bicolore

L'hirondelle bicolore mâle se reconnaît à son plumage bleu-vert métallique et à sa poitrine d'un blanc éclatant. La femelle, brune, est plus fade…

L'hirondelle se nourrit d'insectes qu'elle capture en vol. Elle tournoie dans les airs et n'hésite pas à plonger pour éloigner un chat qui rôde.

L'hirondelle est un oiseau migrateur. Dès son arrivée, au printemps, le couple d'hirondelles prépare son nid dans un trou laissé par un pic dans un arbre ou dans un nichoir bien propre.

Le nid est recouvert de plumes sur lesquelles seront déposés quatre à six œufs blancs. Le couple se relaie pour couver les œufs durant 15 jours.

Les petits naissent nus et sans défense. Ils ont besoin de leurs parents pour se nourrir et de la chaleur du nid pour survivre.

À l'âge de trois semaines, les oisillons prennent leur envol. Moins habiles que les adultes, ils sont des proies faciles.

À la fin de l'été, les hirondelles se perchent sur les fils électriques, en attendant de partir vers le Sud.

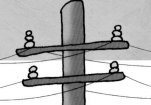

Le renard roux

Le renard roux est facilement reconnaissable à sa fourrure rousse, à sa poitrine blanche, à son fin museau et à sa magnifique queue.

Il a la vue perçante, l'ouïe fine et l'odorat très sensible. Dès qu'une souris se faufile dans un champ, il bondit sur sa proie.

Il se nourrit de souris, de campagnols, d'écureuils et de lièvres, mais il aime aussi les oisillons, les œufs et les fruits sauvages.

Le couple reste uni toute la vie. Les parents élèvent ensemble les petits dans leur tanière. La renarde donne naissance à cinq renardeaux environ.

Les deux premières semaines, elle les allaite sans les quitter. C'est le mâle qui est chargé de lui apporter de la nourriture.

Les parents sont très patients et enjoués. Ils apportent des souris à leurs petits pour qu'ils apprennent à chasser et à reconnaître l'odeur de leur nourriture.

Quand l'automne arrive, les jeunes renards partent à la recherche d'un nouveau territoire. Ils formeront une famille dès le printemps suivant.

L'étoile de mer

Savais-tu qu'il y a plusieurs espèces d'étoiles de mer sur nos côtes et dans nos estuaires ? Certaines sont aussi petites qu'une pièce de monnaie !

Elles ont habituellement cinq bras. Si elle en perd un, il va se régénérer en moins de un mois.

L'étoile de mer se déplace lentement grâce à ses petits pieds qui se terminent par des ventouses.

Pour ouvrir un coquillage, elle colle ses ventouses de chaque côté et tire jusqu'à ce qu'il s'ouvre.

Cela peut prendre des jours, mais elle n'abandonne pas car elle est très tenace.

Quand le coquillage est ouvert, l'étoile de mer sort son estomac par la bouche et le dépose sur le mollusque pour le digérer.

La digestion peut durer plusieurs jours. Ensuite, l'étoile de mer remet tranquillement son estomac à sa place !

La marmotte

La marmotte est un rongeur qui vit dans les champs et les pâturages. Elle émet un cri strident quand elle sent un danger.

Avec ses pattes fortes et ses longues griffes, elle creuse un terrier dans lequel des couleuvres, des renards ou des lièvres peuvent venir s'abriter.

Le terrier comporte une entrée principale, plusieurs trous de guet, qui servent de sorties d'urgence, des toilettes et un nid pour dormir.

La femelle donne naissance à quatre petits, qu'elle allaite. Ils naissent aveugles et sans défense.

L'été, la marmotte passe le plus clair de son temps à se nourrir d'herbes fraîches et à se chauffer au soleil. Elle engraisse pour l'hiver !

À l'automne, la marmotte s'installe au chaud dans son terrier. Elle hiberne tout l'hiver. La graisse accumulée durant l'été suffit à fournir l'énergie nécessaire à sa survie.

En effet, son corps fonctionne au ralenti : sa température corporelle s'abaisse et les battements de son cœur ralentissent durant l'hibernation.

Le grand duc

Le grand duc est un hibou de grande taille. Le soir, dans la forêt, on peut entendre son ululement : hou-hou-hou-hou.

Il ne construit pas de nid. Il se contente de s'emparer d'un nid abandonné l'année précédente par une buse ou une corneille.

Le couple s'unit pour la vie. Les oisillons naissent au tout début du printemps et prennent leur envol à l'âge de huit semaines.

Le grand duc chasse la nuit. Son ouïe fine et ses grands yeux jaunes lui permettent de repérer les mammifères ou les oiseaux dont il se régale.

Il avale sa proie en entier et régurgite les plumes, les os et la fourrure sous forme de boulettes.

Ses yeux sont fixes, mais sa tête peut faire un demi-tour vers l'arrière, ce qui lui permet de regarder devant et derrière.

Le jour, il se repose perché dans un arbre. Si des corneilles le découvrent, elles le feront fuir avec leurs cris stridents.

Le rorqual commun

Le rorqual commun est la plus grande espèce de baleines, après le rorqual bleu. On en compte plus de 100 000, dans tous les océans du monde.

Le rorqual commun mesure 25 m de long et pèse 50 tonnes. C'est l'équivalent d'un semi-remorque !

Il peut parcourir 300 km en une seule journée. Quand il dort, il maintient ses évents (ses «narines») à la surface de l'eau et bat légèrement des nageoires.

Son dos est brun ou gris foncé et le dessous de ses nageoires et de son ventre est blanc. Sa mâchoire inférieure est blanche, à droite, et noire, à gauche.

Le rorqual ne possède pas de dents mais il a 370 fanons, qui ressemblent à de longues languettes. Il dévore 2 tonnes de nourriture par jour.

Pour manger, il ouvre grand la bouche et avale de l'eau de mer. Il rejette ensuite l'eau à travers ses fanons pour ne garder que la nourriture.

Il respire toutes les 5 à 15 minutes en ouvrant ses deux évents mais peut rester jusqu'à 25 minutes sous l'eau. Son souffle rejette un jet d'air de 6 m de haut.

L'abeille

L'abeille vit dans une ruche habitée par une reine et des milliers d'ouvrières. La ruche est faite d'alvéoles en cire de forme hexagonale, c'est-à-dire à six côtés.

La reine sert uniquement à pondre des œufs qui deviendront des ouvrières. Pour empêcher qu'il y ait d'autres reines, elle pique de son dard les alvéoles destinées aux futures reines.

Quand une abeille butineuse est assoiffée, elle colle sa bouche en forme de paille dans le centre d'une fleur et suce le nectar sucré.

Une abeille part en éclaireuse pour repérer un champ de fleurs. Elle revient ensuite faire aux autres butineuses une danse qui indique la direction précise du champ.

Quand elle butine, l'abeille récolte le pollen sur ses pattes arrière et en fait des boules qu'elle transporte à la ruche.

Les abeilles accumulent des provisions de miel pour survivre durant l'hiver. L'apiculteur doit donc veiller à leur laisser suffisamment de miel ou d'eau sucrée.

En hiver, l'ouvrière bouche les fentes de la ruche avec de la gomme de sève. Elle agite son corps et ses ailes pour se tenir chaud.

Le pigeon biset

Le pigeon biset est originaire d'Europe. Il a été introduit en Amérique du Nord par les colons qui en faisaient l'élevage pour les manger. On en trouve maintenant à l'état sauvage.

L'alimentation du pigeon est très variée. Il se nourrit de graines et de céréales mais aussi, dans les villes, de déchets domestiques.

Au sol, pour attirer la femelle, le mâle hérisse les plumes de son cou, étale sa queue comme un paon et tourne en rond devant la femelle.

Dans les airs, le mâle fait claquer ses ailes, puis se met à planer les ailes grandes ouvertes. Le couple s'unit habituellement pour la vie.

Les pigeonneaux naissent nus et sont nourris de « lait », une substance produite dans le jabot des parents.

Les pigeons installent leur nid sur le bord des fenêtres, des toits et des corniches. Souvent, on les déteste parce qu'ils salissent les bâtiments.

Il y a tellement de pigeons dans les villes qu'on installe des systèmes plus ou moins efficaces pour les repousser. Il est d'ailleurs interdit de les nourrir !

L'écureuil gris

L'écureuil gris est un véritable acrobate. Il descend d'un arbre la tête la première ou s'élance d'une branche à l'autre avec une grande agilité.

Couc! Couc! Couc!

Sa queue touffue lui sert aussi bien de parasol que de gouvernail pour garder l'équilibre. Pour faire fuir ses ennemis, il agite sa queue en lançant un cri strident.

Il installe son nid dans le creux d'un arbre et construit une petite plate-forme avec des branches entrelacées qu'il tapisse de feuilles, des morceaux d'écorce et de mousse.

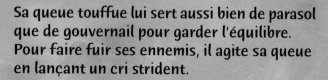

Quand on observe les écureuils dans un parc, on pourrait croire qu'ils vivent tous ensemble. C'est faux. En revanche, ils tolèrent la présence des autres familles d'écureuils...

La femelle met au monde deux portées par année : une en hiver et une autre en été. Les petits naissent sans poils et aveugles.

MiAM MiAM

L'automne, l'écureuil gris cherche des graines de pin et des glands de chêne, qu'il enfouit dans le sol. Il se fait ainsi un garde-manger pour l'hiver.

L'écureuil retrouve ses provisions grâce à son odorat. Et ce qu'il oublie dans ses cachettes se transforme parfois en arbres !

Le papillon amiral

L'amiral est l'insecte emblème du Québec. Il est facile à reconnaître avec ses ailes noires, ses grandes bandes blanches et ses points bleus et rouges.

On l'appelle amiral à cause des bandes blanches de ses deux paires d'ailes, qui rappellent les galons sur la veste des militaires.

Ce papillon vit dans les forêts, les clairières, et au bord des ruisseaux et des lacs. On le trouve presque partout au Québec.

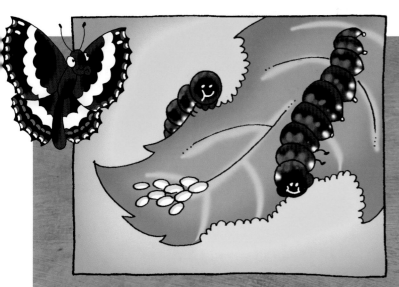

Au printemps, la femelle pond ses œufs sur la pointe d'une feuille. Après cinq jours, la chenille sort de l'œuf et se nourrit de la feuille.

À l'automne, la chenille se fabrique un abri avec une feuille et un fil de soie. Au printemps suivant, elle deviendra une chrysalide et en été, elle se métamorphosera en papillon.

L'amiral se nourrit du nectar de fleurs et de la sève d'arbres blessés. Mais il aime par-dessus tout les liquides des fruits pourris !

Le papillon amiral connaît l'art du camouflage. Chenille, il ressemble à un excrément d'oiseau. Papillon, il déjoue ses prédateurs grâce à ses bandes blanches.

La tortue molle à épines

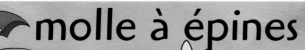

Cette tortue a une carapace molle, recouverte d'une peau douce, sans écailles. Elle a de petites épines autour de la carapace et un nez en forme de trompe.

La femelle est plus grande que le mâle. Elle peut atteindre 45 cm, tandis que son amoureux ne mesure que 24 cm !

En été, la femelle pond environ 20 œufs blancs et tout ronds au bord de l'eau.

Elle mange des écrevisses, des petits poissons et des têtards. Elle hiverne toujours au même endroit, dans un étang au fond mou où elle peut s'enfouir.

Elle aime se chauffer au soleil sur un rocher ou en se laissant flotter à la surface de l'eau. La tortue est un reptile : elle a besoin de chaleur pour ses fonctions vitales.

Cette espèce de tortue est très rare. On en trouve quelques centaines au Québec, au lac Champlain, et dans l'État du Vermont, aux États-Unis.

Cette tortue aime bien vivre sur la plage, mais la présence des êtres humains la fait fuir. La pollution de l'eau contribue aussi à son extinction.

Le béluga

Le nom *béluga*, en russe, signifie «blanc». On trouve des bélugas dans les mers de la Sibérie, du Groenland, du Canada et dans le golfe du Saint-Laurent.

Contrairement au dauphin, le béluga ne possède pas de nageoire dorsale. Ses nageoires pectorales, de chaque côté du corps, sont petites et robustes.

À sa naissance, le béluga est brun foncé. Vers l'âge de deux ans, il devient gris-bleu et ce n'est que vers six ans qu'il est tout blanc.

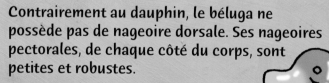

La femelle donne naissance à un petit durant l'été quand l'eau est plus chaude. Comme tous les mammifères, le béluga est nourri de lait maternel.

Le béluga peut rester 15 minutes sous l'eau, avant de venir respirer à la surface. Il vit en petit groupe.

Comme les baleines, le béluga émet des sons qui lui permettent d'évaluer l'épaisseur de la glace ou encore la taille des bancs de poissons qu'il convoite.

Le béluga peut vivre jusqu'à 50 ans. La population de bélugas a diminué à cause de la chasse. Aujourd'hui, l'espèce est protégée, mais elle est menacée par la pollution des mers.

Le dindon sauvage

Le dindon est originaire d'Amérique du Nord. Ce sont les conquistadors qui l'ont introduit en Europe, où on l'a appelé *poule* et *coq d'Inde*, d'où les noms *dinde* et *dindon*.

Très rapidement, les colons nouvellement installés en Amérique prirent l'habitude de manger de la dinde pour les grandes occasions, notamment la fête de Noël.

Le dindon est omnivore, c'est-à-dire qu'il mange de tout : des graines, des feuilles, des fruits, des glands, des insectes, des vers de terre et même des petites grenouilles.

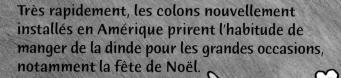

Durant la saison des amours, le mâle fait entendre des glouglous très forts pour éloigner les autres mâles et gonfle son plumage pour paraître plus menaçant.

Quand le dindon est agressif, la caroncule, la peau qui pend sous son cou, devient rouge et le dessus de sa tête, bleuté. Dans les élevages, il faut éviter de porter du rouge et du bleu pour ne pas provoquer les mâles.

La dinde pond de 8 à 15 œufs. Elle nourrit les dindonneaux pendant quelques semaines, le temps qu'ils deviennent autonomes.

Autrefois, il y avait beaucoup de dindons sauvages dans les forêts d'Amérique, mais cette espèce a été décimée par la chasse. Aujourd'hui, elle est protégée.

Le raton laveur

Le raton laveur est très facile à reconnaître avec son masque noir qui lui bande les yeux. Il a une longue queue rayée, brune et noire, et sa fourrure est grise.

Il est originaire d'Amérique. Dans les années 1930, il a été introduit en Allemagne et en Russie, et on en trouve maintenant dans plusieurs pays d'Europe.

Le raton laveur est omnivore : il mange du maïs, des noix et des fruits, aussi bien que des termites et d'autres insectes. Il ne se gêne pas pour fouiller dans les poubelles.

On l'appelle raton laveur parce qu'il lave sa nourriture avant de la manger. Il la prend et la frotte dans l'eau.

Le raton laveur peut écarter les doigts, comme nous, ce qui lui permet de tenir des objets ou de la nourriture avec agilité.

Les petits naissent sans dents, les yeux fermés. Le masque et la fourrure typiques de leur espèce apparaissent quand ils ont 10 jours.

La nuit, il part chercher de la nourriture tandis que, le jour, il dort dans sa tanière. Il n'hiberne pas mais l'automne, il engraisse pour affronter le froid hivernal.

Le requin bleu

On trouve plusieurs espèces de requins dans l'Atlantique. Des requins inoffensifs, comme le requin pèlerin, mais aussi le requin bleu.

Comme les autres requins, le requin bleu n'a pas d'os mais du cartilage, ce qui le rend plus souple et plus léger que les poissons de même taille.

Il possède deux nageoires dorsales, dont la plus grande sort de l'eau quand il nage à la surface. Sa queue lui permet d'atteindre une grande vitesse.

Comme tous les poissons, le requin bleu respire à l'aide de ses branchies. L'eau entre dans la bouche et traverse les branchies qui lui donnent de l'oxygène.

Il a un odorat très développé. Il peut détecter l'odeur d'une très faible quantité de sang à plus de un kilomètre de distance.

Il possède aussi un sixième sens, un organe qui lui permet de détecter des signaux électriques émis par ses proies.

Il mange de tout : des crustacés, des poissons, des oiseaux de mer, des phoques. Il peut aussi s'attaquer à l'homme.

La mouffette

Grosse comme un chat, la mouffette a une fourrure touffue, une petite tête et des pattes courtes. Elle se déplace lentement et n'arrive pas à grimper aux arbres.

La mouffette dort la journée et sort la nuit à la recherche de nourriture. L'été, elle installe son nid dans les feuilles ou sous la galerie d'une maison.

L'hiver, les mouffettes se rassemblent, femelles et jeunes, dans un terrier abandonné par un animal et dorment durant des mois, sans se nourrir.

Au printemps, la femelle donne naissance à cinq ou six petits. Ils sont nus et aveugles, mais trois semaines plus tard, leur fourrure est déjà épaisse.

Omnivore, la mouffette mange aussi bien des insectes et des grillons que des souris et des restes de nourriture trouvés dans les poubelles.

Pour se défendre, elle tourne le dos à son ennemi, lève la queue et projette sur lui un jet de musc qui est tellement nauséabond qu'on le sent à un kilomètre à la ronde !

Si un chien ou un chat se fait arroser par une mouffette, la seule façon d'ôter l'odeur est de le nettoyer avec du jus de tomate ou du peroxyde.

61

La cigale

La cigale est un gros insecte noir, brun ou vert et a des ailes transparentes. Malgré sa taille, c'est une cible facile pour les prédateurs.

La femelle dépose ses œufs dans des fentes qu'elle a creusées dans l'écorce des arbres. Quand les œufs éclosent, les larves tombent et s'enfouissent dans le sol.

Avant d'arriver au stade adulte, la cigale mue plusieurs fois. Elle sort de l'exosquelette qui la recouvre.

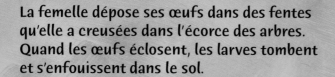

La cigale peut rester à l'état de larve pendant 2 à 3 ans et même, chez certaines espèces, pendant 17 ans. Mais, une fois adulte, la cigale vit à peine plus d'un mois !

Il n'y a que les mâles qui chantent. Ils se regroupent pour chanter le jour ou les soirs d'été pour attirer les femelles.

Ce chant est produit par les timbales, des membranes près de l'abdomen qui se contractent pour produire un son strident.

« La cigale ayant chanté tout l'été se trouva fort dépourvue quand la bise fut venue », dit la fable de La Fontaine. Mais, en fait, qu'elles chantent ou pas, les cigales adultes ne survivent pas à l'hiver !

Le faucon pèlerin

Le faucon pèlerin est un petit oiseau de proie. Son plumage est tacheté et on le reconnaît au masque foncé qui lui couvre la tête et les joues.

Ce masque lui sert de « lunettes fumées » pour protéger sa vue des rayons du soleil. En vol, il a la forme d'une ancre.

Le couple s'unit pour la vie. Pour attirer la femelle, le mâle fait des plongeons acrobatiques et lui indique des endroits où nicher.

La femelle installe le nid sur le rebord d'une corniche, en ville, ou sur une falaise, dans la nature. Les fauconneaux font leur premier vol à cinq semaines.

Le faucon est un redoutable chasseur. Il attrape sa proie en plein vol et l'assomme d'un coup sur la nuque. Avec ses serres puissantes, il la transporte ensuite jusqu'au nid.

C'est l'un des oiseaux les plus rapides du monde. Il peut plonger sur une proie à plus de 200 km/h. Les pigeons n'ont qu'à bien se tenir!

On lui a donné le nom de « pèlerin » au Moyen Âge. On croyait alors qu'il était un oiseau de passage parce qu'on ne savait pas où il nichait.

Le chevreuil

Le chevreuil est abondant dans nos bois, mais il est farouche et se sauve à grands bonds quand il aperçoit des humains.

En hiver, les chevreuils se regroupent dans une forêt de conifères pour s'abriter du vent. On appelle cet endroit un ravage.

Le mâle porte des bois. Cette ramure pousse tous les ans et indique son âge. À l'automne, quand les bois ont poussé, le mâle se prépare à la saison des amours !

Les mâles se battent entre eux pour conquérir une femelle et se blessent fréquemment. Leurs bois tomberont ensuite au cours de l'hiver.

La biche donne souvent naissance à des jumeaux. Les petits faons à la jolie fourrure tachetée de blanc marchent dès leur naissance.

Le lynx, l'ours, et le loup sont les principaux prédateurs du chevreuil et des faons.

Quand ils sont trop nombreux, les chevreuils détruisent les sapins et les cèdres dont ils se nourrissent.

L'anguille

L'anguille est un poisson, même si elle ressemble à un serpent marin à cause de son unique nageoire dorsale.

Elle se reproduit dans la mer des Sargasses, au nord des Bahamas. La femelle vient y pondre des millions d'œufs. Elle meurt après la ponte.

Les petites larves se laissent dériver vers les côtes américaines ou européennes grâce aux courants marins.

À mesure qu'elles migrent vers les estuaires et vers les rivières d'eau douce, leur peau devient jaunâtre. Leur voyage peut durer plusieurs années.

Adulte, la femelle atteint un mètre de longueur, alors que le mâle mesure rarement plus de 40 cm.

On retrouve plus de femelles dans les grandes rivières et plus de mâles dans les petits cours d'eau. Leur nourriture, différente, pourrait déterminer le sexe de l'anguille.

L'anguille mange des petits poissons, des insectes, des vers, des écrevisses et des escargots. Elle mange durant la nuit et se cache durant le jour.

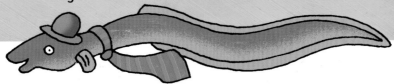

La fourmi charpentière

La fourmi vit dans une colonie composée d'une reine, d'ouvrières et de mâles. Une colonie compte en moyenne 2 000 individus.

Le mâle est fragile et possède des ailes. Il meurt juste après avoir fécondé la reine. La fourmi ouvrière, elle, n'a pas d'ailes, mais elle est plus robuste.

La reine est trois fois plus grande qu'une ouvrière. Elle possède des ailes et un long abdomen et peut pondre pendant des années.

Il y a différents types d'ouvrières, toutes avec une spécialité. Elles sont nourrices, constructrices, éclaireuses, butineuses, soldates, etc.

La butineuse nourrit la reine et les autres ouvrières. Quand une fourmi a faim, elle frotte ses antennes sur la tête de la butineuse et celle-ci régurgite la nourriture dans sa bouche.

La fourmi charpentière creuse des tunnels dans le bois. À côté de l'entrée du nid, on trouve toujours un petit tas de sciure et de déchets.

Une colonie peut compter plusieurs nids : le nid principal, où se trouvent la reine et les larves, et d'autres nids, peuplés d'ouvrières et de mâles.

Le lynx

Le lynx ressemble à un très grand chat. Il a une queue courte, de grands pieds et des touffes de poils sur les oreilles.

L'hiver, ses grands pieds se couvrent de poils raides. Quand il marche dans la neige, on dirait qu'il porte des raquettes !

Le lynx chasse la nuit. Le jour, il se cache pour dormir et faire sa toilette. Il est très difficile à apercevoir.

Il se nourrit de lièvres en hiver et, l'été, il mange des souris, des écureuils et des renards. Il peut faire des bonds de 5 mètres pour attraper sa proie.

Pendant la saison des amours, au printemps, le mâle et la femelle chassent ensemble pendant plusieurs jours.

La femelle élève seule ses petits qui sont turbulents, curieux et joueurs.

Quand le nombre de lièvres diminue, beaucoup de lynx meurent de faim. Mais, heureusement, la population de lièvres finit toujours par augmenter...

L'engoulevent bois-pourri

Quel drôle de nom d'oiseau ! *Engoulevent* signifie « avaler le vent » et *bois-pourri* vient du cri de l'oiseau qui ressemble à « ouîp-pour-ouîl ».

C'est un as du camouflage. Son plumage est de la couleur du bois, ce qui le rend presque invisible quand il est sur une branche, d'autant plus qu'il s'installe dans le sens de la longueur. Rien ne dépasse !

L'engoulevent a un minuscule bec incurvé et une énorme bouche. Il a des vibrisses noires de chaque côté de la bouche, comme des moustaches de chat !

Il fait partie de la famille des caprimulgidae, ce qui signifie « qui tète les chèvres » ! Bien sûr, ce n'est pas vrai, mais autrefois on le croyait parce qu'il a une grande bouche et qu'il volait près des animaux de la ferme.

Il capture les insectes au vol. Il mange aussi des papillons de nuit et même des sauterelles à la tombée du jour.

La femelle pond deux œufs à même le sol nu ou sur une couche de feuilles dans les forêts et les clairières. Elle les couve durant 20 jours.

À l'approche de l'automne, l'engoulevent migre vers le Sud pour y passer l'hiver. Il peut se rendre jusqu'au Mexique et en Amérique centrale.

Le ver de terre

Le ver de terre, aussi appelé lombric, est un invertébré. Il n'a pas de squelette mais son corps est composé d'anneaux et d'un long tube digestif.

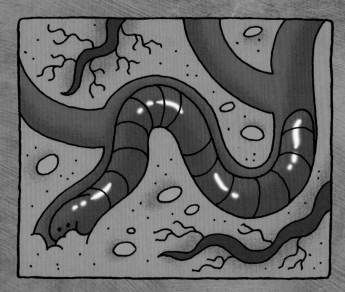

Il avale la terre à mesure qu'il creuse et se nourrit des organismes du sol. Il peut creuser jusqu'à 2 mètres de profondeur, sans abîmer les racines des plantes.

Grâce aux galeries creusées par les vers de terre, le sol est plus aéré et mieux irrigué. Les racines s'enfoncent plus facilement dans le sol et reçoivent toute l'eau dont elles ont besoin!

Une impulsion électrique permet au ver de terre de contracter ses muscles. Il s'étire et se contracte pour creuser la terre.

Il possède des organes mâles et femelles, mais il se reproduit avec un autre ver. Les cellules mâles fécondent les cellules femelles de son partenaire, et vice versa.

Ici repose ma douce moitié

Si on coupe un ver en deux, la plus petite section mourra, mais l'autre se régénérera et deviendra un ver complet.

Le ver de terre respire par la peau, qui capte l'humidité. Quand il fait très chaud, il s'enfonce plus profondément dans le sol. Parfois, il meurt d'asphyxie.

La souris domestique

La souris domestique, ou souris grise, est originaire d'Asie. Elle a colonisé toute la planète en embarquant clandestinement sur des bateaux.

Depuis, elle vit autant dans les villes que dans les campagnes. Quand elle s'introduit dans une maison, elle grignote tout sur son passage !

La souris préfère se promener la nuit à la recherche de nourriture, trottinant dans les murs et les greniers. Elle marque son territoire de son urine.

La femelle peut avoir jusqu'à 14 portées par année, mettant au monde entre 60 et 80 petits.

Dans des conditions optimales, un couple de souris peut donc avoir jusqu'à 20 millions de descendants en trois ans !

Agile, la souris est capable de nager, d'escalader des murs à la verticale, de se tenir sur des poutres et de s'insérer dans des petits trous qu'elle perce avec ses dents.

Elle est la proie non seulement des chats mais aussi des rats, des chiens, des oiseaux de proie et de bien d'autres carnivores.

Index